¡Es difícil ser mujer!

Con la colaboración de: Maricarmen Acevedo, Socorro Luna,
Cecilia Weckmann y Ana Lilia Villarreal

Portada: Julieta Bracho-estudio Jamaica
Ilustraciones de interiores y portada: Cecilia Pego

Primera edición en Terracota: agosto 2023

ISBN: 978-607-713-572-2

INSTITUTO NACIONAL DE PSIQUIATRÍA
RAMÓN DE LA FUENTE MUÑIZ

Instituto Nacional de Psiquiatría
Ramón de la Fuente Muñiz
Calzada México-Xochimilco 101
14370 Ciudad de México
http://www.inprf.gob.mx/

EDITORIAL
TERRACOTA ET

DR © 2023, Editorial Terracota, SA de CV
Av. Cuauhtémoc 1430
Col. Santa Cruz Atoyac
03310 Ciudad de México

Tel. +52 55 5335 0090
www.terradelibros.com

2027	2026	2025	2024	2023
5	4	3	2	1

¡ES DIFÍCIL SER MUJER!

UNA GUÍA PARA ENTENDER Y ENFRENTAR LA DEPRESIÓN

Desde la perspectiva de género

María Asunción Lara

ÍNDICE

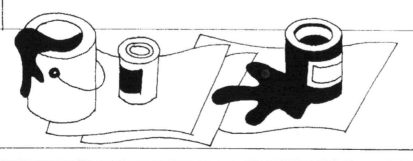

PRÓLOGO A LA EDICIÓN REVISADA

Es un gusto presentar la edición revisada de *¡Es difícil ser mujer!* luego de 27 años de su primera publicación, con más de 65 mil libros vendidos y miles de mujeres, dentro y fuera del país, beneficiadas con su lectura.

¡Es difícil ser mujer! nació de la evidente necesidad de ayuda que tienen muchísimas mujeres para aliviar su malestar emocional y depresión, en diferentes países, así como en el nuestro, con sistemas de salud deficientes en los servicios de atención mental.

En este sentido, la obra refleja la realidad de un gran número de mujeres, lo que constatamos cada vez que nos dicen: "Me vi reflejada en el libro". Y no podía ser de otra forma, ya que el contenido es resultado de la investigación bibliográfica y de campo; además de escuchar a las propias mujeres y recabar las opiniones de expertas y expertos en el tema. Fueron parte fundamental en este proceso creativo Maricarmen Acevedo como investigadora y Cecilia Pego como ilustradora.

También el universo de lectoras ha ido más allá de lo que planeamos, ya que mujeres con mayor escolaridad y posibilidad de acceso a servicios privados de salud mental, así como de comunidades hispanoparlantes en Estados Unidos, lo han encontrado de enorme ayuda.

Puede decirse que la vida de algunos libros es similar a la de ciertas personas: emocionante, plena de desafíos, incierta, gozosa y, en ocasiones, por fortuna, rodeada de amigas y amigos que los acercan a quienes más los necesitan. Entre esas amigas generosas está la doctora Eva Moya, de la Universidad de Texas en El Paso, Estados Unidos, quien impulsó la traducción de *¡Es difícil ser mujer!* al inglés, y la licenciada Ma. de Lourdes Acevedo, del DIF del Estado de México, que durante años llevó la obra a municipios apartados de esa entidad.

Por su contenido en forma de guía y por las ilustraciones que vuelven más fácil su lectura, *¡Es difícil ser mujer!* puede utilizarse como un libro de autoayuda o leerse en grupo, con el apoyo de una orientadora capacitada, en cuyo caso es igualmente recomendable la consulta del manual *Ayudando a mujeres con depresión. Intervención psicoeducativa*, publicado por Editorial Terracota.

María Asunción Lara

PARA COMENZAR

¡No se crea! Los momentos difíciles y las penas también afectan a los **hombres** y muchos se **deprimen**...

¡Pero **esconden su depresión** tras el alcohol, las drogas, el enojo y la agresión!

¡Ah, caray!

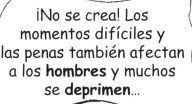

Este libro explica **por qué las personas llegan a deprimirse** y **qué aspectos afectan más a las mujeres.**

¡Y mire! Lo más importante es que se entienda qué es la depresión...

... cómo se siente una cuando está deprimida, porque puede estarlo sin darse cuenta...

y sobre todo **proporciona muchas sugerencias que nos ayudarán** a pensar y actuar de manera diferente y a sentirnos mejor.

Oiga, comadre, ¡yo también lo voy a leer para entenderme a mí y a los demás!

Es una buena idea, yo se los voy a prestar a mis amigas y conocidos...

A veces la palabra depresión se usa cuando una persona se siente triste o frustrada por un rato, y otras, cuando siente que no puede hacer nada y tiene una gran tristeza y malestar durante varias semanas o meses, o sea que **la palabra depresión se refiere a distintos problemas,** como se verá más adelante.

¡Qué interesante! ¡Me llevo su libro para leerlo ya!

CÓMO UTILIZAR ESTE LIBRO

Para que aproveches al máximo este libro, te sugerimos que **uses un cuaderno o dispositivo electrónico** donde puedas escribir lo que piensas y sientes. No importa el tamaño ni la forma, lo que importa es que te acomode y lo puedas llevar a donde quieras... También hay hojas blancas al final para tus notas.

Escribir lo que piensas y sientes es como **platicar contigo misma** sobre las cosas que no puedes hablar con los demás y te da la oportunidad de **expresar ideas y sentimientos libremente.**

Para escribir, busca un lugar y un momento a solas; es importante que te sientas tranquila y sin prisa para que puedas aclarar tus pensamientos y sentimientos.

Ay, fíjate lo que me pasó...

Si no te gusta escribir, puedes **comentar el libro con alguien** a quien le tengas confianza o puedes animar a tus amigas a leerlo y después comentarlo...

CAPÍTULO 1:

¿QUÉ ES LA DEPRESIÓN?

Esperanza, de 33 años, fue una adolescente que tuvo éxito en los estudios, con las amigas, con los chavos y, posteriormente, en el trabajo. Tuvo muchos novios, pero se enamoró de Pedro, un hombre casado; por consiguiente, tuvo muchas dificultades. Después él se separó de su mujer para irse a vivir con ella…

Durante los años que llevan juntos, han tenido temporadas buenas, seguidas de pleitos, en los que ella **se siente enojada, deprimida, sola e incomprendida.**

Aunque Esperanza quiere a Pedro y él le dice que la quiere, la hace sentir menos, no le da su lugar y gasta la mayor parte de su dinero con sus amigos; por lo que Esperanza pone más dinero para el gasto de la casa...

Los pleitos se vuelven más frecuentes
e insoportables cuando Esperanza
comienza a sospechar que él sale con
otras mujeres; aunque Pedro lo niega,
hace cosas que lo delatan.

Esperanza se siente desvalorizada y sin
fuerzas para dejarlo, lo que la lleva a
deprimirse. Aunque no entiende por qué le
pasa esto, se da cuenta de que de niña sintió
lo mismo cuando su padre los abandonó.

Oiga, como que esto de la depresión tiene mucho que ver con lo que nos pasa en la vida, ¿verdad?

¡Sí! **Nos sentimos deprimidas cuando sucede algo desagradable,** como algún **fracaso,** la **muerte** de un ser querido o **problemas** con la esposa o esposo, **pero, a veces, con el tiempo nos recuperamos y volvemos a sentirnos mejor...**

Sin embargo, hay otras ocasiones en que estos sentimientos **se prolongan...**

SNIF

… o son
muy
intensos;

nos sentimos
tan tristes que
no **podemos
hacer nuestro
trabajo,**

y nada nos
parece
importante;
es decir,
estamos ante
una **depresión**.

En la depresión se presentan por lo menos **cinco** de los siguientes nueve **síntomas**, por lo menos durante **dos semanas** seguidas, como el síntoma **1** (estamos muy tristes) o el **2** (pérdida de interés).

1. Estamos muy tristes, desganadas y nos sentimos vacías.

2. Perdemos el interés hasta por las actividades que más nos gustan (por ejemplo, el sexo).

3. Comemos muy poco o mucho, bajamos o aumentamos de peso.

4. Tenemos problemas para dormir (dormimos demasiado o nos da insomnio).

5. Nuestros movimientos son lentos, sentimos el cuerpo pesado o estamos muy intranquilas.

6. Estamos apáticas, fatigadas y con poca energía.

7. Nos sentimos culpables, impotentes e inútiles.

8. No podemos concentrarnos ni recordar los pendientes del día y se nos dificulta tomar decisiones.

9. Nos asaltan ideas de muerte y a veces pensamos en el suicidio.

Además de estos síntomas, hay personas que también se sienten **irritables**, **angustiadas**, de **mal humor**, que todo les molesta y con **dolores** de cabeza, espalda o **malestar físico** general.

La persona deprimida ha **perdido las esperanzas** de lograr sus metas, ve el **futuro negro** y se siente **incapaz** de hacer frente a las situaciones diarias...

Mire, compadre, hay muchas formas en que se presenta la depresión.

Sí, esta puede presentarse en varios grados. Puede aparecer una o más veces en la vida. Puede estar presente desde la niñez o adolescencia o iniciarse cuando somos adultos...

... Unas personas tienen pocos síntomas y otras, muchos...

En la **depresión** se presentan cinco o más de los síntomas antes mencionados, durante dos semanas o más; estos son tan severos que nos impiden realizar las cosas que normalmente hacemos. En este caso, debemos hacer algo para salir adelante, como **pedir ayuda.**

En otras ocasiones experimentamos solo **síntomas depresivos**; padecemos menos de cinco de ellos, pero estos pueden ser tan intensos que necesitamos hacer algo para salir adelante, ya sea a solas, con ayuda de alguien o las dos cosas.

Por lo común, la gente dice que está deprimida cuando siente que decae su **estado de ánimo** de manera pasajera y puede salir adelante con poca o ninguna ayuda. A estos sentimientos de tristeza o desánimo los especialistas no le llaman depresión.

OTROS ASPECTOS IMPORTANTES DE LA DEPRESIÓN SON:

La persona deprimida tiene una **forma de pensar** que la lleva a desanimarse y le hace difícil salir de la depresión.

a) Pone más atención a los acontecimientos negativos de la vida; por ejemplo, si sus hijos son buenos y estudiosos, pondrá atención solo en los problemas que le causen:

b) Exagera hechos que no tienen
mayor importancia:

c) Es **demasiado exigente** consigo misma:

d) Se culpa a sí misma de todo lo que sale mal y cree que todo lo bueno se debe a otros o a circunstancias fuera de ella…

¡Oh, no! ¡Miren lo que provoqué con mi mala suerte!

CRASH

e) Pocas veces se reconoce o se premia por lo que hace bien:

Hizo un excelente examen… ¡Felicidades, el trabajo es suyo!

No creo que haya hecho un buen examen…

¡Lo que pasa es que este hombre es un santo!

REFLEXIONES

Revisa el capítulo y anota cuáles de estas cosas te pasan a ti. Puedes también platicarlas con alguien. Esto te ayudará a saber si estás deprimida y cómo es tu depresión…

Llevo varias noches sin dormir, me siento fatigada, nada me interesa. Ahora que lo pienso estos días nada me ha importado, más que comer todo el día y, para colmo, me la paso culpándome de todo…

39

CAPÍTULO 2:

¿POR QUÉ NOS DEPRIMIMOS?

En este capítulo se verán **cinco** causas que ayudan a entender por qué nos deprimimos...

Las causas
son las
siguientes:

3 FACTORES BIOLÓGICOS

4 CONDICIÓN DE GÉNERO DE LA MUJER

2 ACONTECIMIENTOS DE LA VIDA

1 HISTORIA INFANTIL

5 FACTORES SOCIALES

La forma como una persona vive
cada uno de estos aspectos
influye para que en cierto momento
de la vida pueda deprimirse.

Veamos el caso de Cristina...

Cristina, de 38 años, hace muchos meses que siente que pese a sus esfuerzos **no tiene energía** para seguir luchando por su familia. A la menor dificultad se pone a **llorar** y siente que **está fallando** en sus responsabilidades. Se siente **cansada, abrumada, triste y sin esperanzas.**

Síntomas

A Juan, su marido, le encontraron un **problema del corazón** hace cuatro años. Desde entonces trabaja menos y está más tiempo en casa. Esto lo ha vuelto más irritable y con frecuencia agrede e insulta. Desde entonces ella tiene más responsabilidades económicas y con los hijos; además, se tiene que cuidar de no hacer enojar a Juan para no empeorar su salud.

Acontecimientos de la vida

Cristina fue una niña a la que de lo material no le faltó nada. Su familia daba la apariencia de ser feliz. Sin embargo, la relación entre sus **papás** era fría y ellos no demostraban su cariño hacia los hijos, esto es, **nunca les decían palabras cariñosas ni los abrazaban, ni les permitían expresar sus sentimientos de enojo**, frustración y disgusto. Lo único importante era sacar buenas calificaciones. Cuando esto sucedía, **no se les reconocía o felicitaba**, solo les decían que estaban cumpliendo con su deber.

Historia infantil

Cristina aprendió que **por ser mujer** tenía que **darle gusto a los demás**. No debía enojarse y tenía que **ser sumisa y obediente** y, aunque a veces quería rebelarse, terminaba por echarse la culpa.

Condición de género de la mujer

Por otra parte, la crisis ha afectado la fábrica en la que Cristina trabaja y hay **amenaza de despidos**, esto la mantiene en constante presión de hacer bien su trabajo para no ser una de las despedidas. También le causan tensión sus hijos adolescentes, quienes seguido la critican y cada vez la obedecen menos.

Factores sociales

El **papá de Cristina** sufría depresiones que ocultaba trabajando sin descanso.

Factores biológicos

La comadre está tan metida en el libro que se le comienza a quemar el guisado…

¡Ah! Ya entiendo. Muchos factores influyen en que nos lleguemos a deprimir.

El tener familiares con depresión, la manera como nos tratan en la niñez, las situaciones difíciles de la vida, la forma como nos educan a las mujeres y hasta los problemas del país…

De todos estos, en este capítulo solo vamos a hablar de los biológicos y sociales, y en los siguientes, de los demás…

FACTORES BIOLÓGICOS

¿Por qué no todas las personas que han tenido una infancia difícil o que tienen problemas graves **presentan depresión?**

¿Por qué algunas presentan ciertos síntomas de depresión y otras una depresión seria que las incapacita?

Se sabe que hay **factores físicos** que pueden facilitar la aparición de la depresión.

La mamá, el papá u otros parientes pudieron también haber sufrido depresión y de ahí tener ellas una predisposición a padecerla.

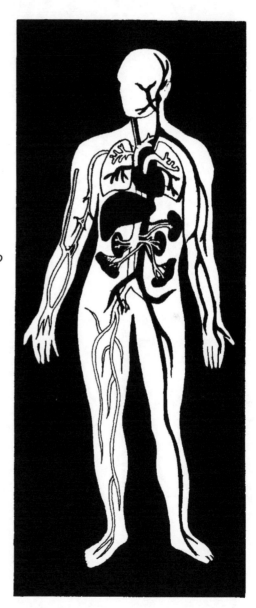

Otras **alteraciones en el funcionamiento de nuestro cuerpo** también pueden provocar la depresión:

En las mujeres hay una mayor vulnerabilidad genética, lo cual causa diferencias cerebrales y diversas reacciones químicas en el cerebro que las vuelven más vulnerables para deprimirse.

Anteriormente se creía que los factores hormonales representaban la causa más importante de la depresión en las mujeres, ya que el primer episodio de depresión tiende a aparecer durante etapas de fuertes cambios hormonales: antes y después de la regla, alrededor del parto o en la adolescencia.

No obstante, hay importantes **cambios sociales** y demandas sobre el comportamiento de las mujeres que inciden en su estado de ánimo; además, estas pasan por un mayor número de cambios físicos, como los que se producen en la adolescencia, etapa en la que se desarrollan los senos y empieza la menstruación.

FACTORES SOCIALES

¡Qué tal, compadre! ¿Qué trae? ¿Por qué tan pensativo?

¿Eh?

Es que no había pensado que también hay situaciones sociales que nos deprimen...

como la **pobreza**. Las personas pobres tienen menos recursos para resolver sus problemas...

...tienen que **depender más** de los servicios del Estado, que no cubren a toda la población y son muy burocráticos, y están más expuestas a la enfermedad y la violencia...

COCINA ECONÓMICA

Muchas familias tienen que **compartir la casa** con papás, suegros, hermanos, cuñados...

... y otros parientes con quienes muchas veces ya no quieren vivir y tienen dificultades, pero no pueden irse por falta de dinero.

Es frecuente que las mujeres con recursos limitados y falta de preparación se sientan **más atadas a su esposo o pareja.**

Y cuando se separan, les resulta más **difícil reclamar por la vía legal** el apoyo económico al que ellos están obligados como padres. Todo esto las lleva a desarrollar sentimientos de pesimismo, desesperanza y a deprimirse.

¡Y lo que es peor! La crisis en la que vivimos y que parece no acabar nunca también nos afecta.

REFLEXIONES

Hemos revisado en este capítulo las
múltiples influencias de la depresión,
que resumimos como la historia infantil,
los acontecimientos de la vida, factores
biológicos o psicológicos, la condición de
género de la mujer y factores sociales…

Piensa si algunos de los factores asociados a la depresión se encuentran en tu vida. Lee con cuidado cada uno y haz una lista de los que te parezcan más importantes.

Anota en tu cuaderno o dispositivo electrónico todo lo que recuerdes, sientas o imagines que es importante.

También puedes platicarlo con alguien.

¿Recuerdas algún momento de tu vida en que te hayas sentido muy deprimida?

¿Cuál de estos factores te ha afectado más para deprimirte?

CAPÍTULO 3:

HISTORIA INFANTIL

En la mayoría de las personas adultas que experimentan depresión, es fácil hallar **experiencias de su infancia** que las hicieron propensas a esta. Entre otras, encontramos: rechazo, abandono, abuso, indiferencia, muerte de la madre o de alguien cercano…

Estas experiencias en la infancia moldean la **personalidad**, llevando a la persona a sentirse poco valiosa, poco digna de afecto, pesimista y con poca confianza en su capacidad para superar problemas...

Cuando nacemos, no sabemos **quiénes somos** ni cómo es el mundo que nos rodea. Esto lo vamos **aprendiendo** a través de las relaciones de **todos los días** con nuestra familia y con las personas encargadas de cuidarnos.

Para sobrevivir durante los primeros años de la vida, necesitamos que nos alimenten, nos mantengan limpias y calientitas, pero **para crecer con confianza en nosotras mismas es necesario que esos cuidados se den con cariño.** Necesitamos sentirnos bienvenidas en la familia, sentir que se nos quiere como niñas y que el tiempo que se nos dedica es con gusto. Esto nos hace sentir bien…

Si, por el contrario, **nos hicieron sentir como estorbo**, que cuidarnos era un fastidio, que mejor hubiéramos sido niños, entonces **nos sentimos tristes**, que no valemos, que no merecemos nada y que este mundo solo puede hacernos sufrir, así que nos vamos haciendo **propensas a la depresión**.

Las razones por las que los pequeños no reciben los cuidados adecuados son muchas. Hay casos en los que se **maltrata a los niños como una manera de sacar las frustraciones...**

La mayoría de los adultos hace esto porque sus padres también los maltrataron cuando niños y **no conocen otra forma de relacionarse con sus hijos e hijas**; porque hay muchas **dificultades y tensiones** en la familia, o porque sufren depresión o alguna enfermedad.

Muy pronto nos enseñan qué podemos hacer, en dónde hacer nuestras necesidades, cómo comer, qué es lo que podemos y no podemos tocar, a no tomar lo que no nos pertenece y cómo pedir lo que queremos.

Todo esto nos lo pueden **enseñar** de dos maneras: **"por las buenas"**, esto es con paciencia, cariño y tolerancia, o por **"las malas"**, a golpes, con regaños y amenazas…

Aprender "por las buenas" nos ayuda a tener confianza en nosotras mismas.

Si nos enseñan **"por las malas"**, creceremos sintiéndonos ineficientes, incapaces de hacer bien las cosas y pensando que no valemos nada.

Si a esto añadimos que nos pidan realizar **tareas que no van con nuestra edad**; si vivimos en una familia donde hay **violencia,** o si sufrimos alguna **agresión sexual**…

… si muere o se va nuestra mamá o la persona con quien nos sentimos cercanas; si hay alguien que consuma alcohol en exceso…

O si nuestros **padres se enferman con frecuencia**, perderemos la esperanza de ser queridas. Nos sentimos culpables, temerosas, resentidas, y es posible que nos deprimamos aun siendo niñas o ya como adultas.

También si nuestros **padres no nos prestan atención** o si no contamos con alguien cercano para expresar lo que nos pasa, nuestra autoestima baja y en el futuro estaremos propensas a deprimirnos.

Las experiencias de abuso durante la infancia y adolescencia dejan importantes secuelas psicológicas, físicas y emocionales. El abuso sexual ocurre más del doble de veces en mujeres que en hombres, y más del 60% de ellas presentará depresión en algún punto de la vida. En un grupo de mujeres con síntomas de depresión, alrededor del 56% informó haber padecido abuso sexual en la infancia o adolescencia y el 62% dijo que el efecto fue muy grave.

Ahora el caso de Claudia me va ayudar a entender mejor esto...

Claudia, de 28 años, es la menor de una familia de seis hermanos. Cuando era pequeña, sus padres tenían grandes carencias económicas y los dos trabajaban. Mientras ellos no estaban, se quedaba al cuidado de una hermana seis años mayor que ella. La ausencia de su **madre** no es lo que recuerda con tristeza, sino que **era distante y poco cariñosa** cuando estaba en casa.

Desde los cinco años, su mamá **le exigía demasiado** en cuanto a las tareas de la casa, siempre **fijándose en los errores.** Nunca le decía cuándo había hecho algo bien, **ni apreciaba sus cualidades...**

Al ir creciendo, Claudia se volvió muy exigente consigo misma. Solo notaba lo que hacía mal y nunca lo que hacia bien. Cuando Claudia tenía siete años, **la hermana que la cuidaba se fue de la casa sin decirle nada.** Ella lo sintió como un rechazo y como prueba de que a nadie le importaba. Aunque **su papá** no era regañón como su mamá, **le daba poca importancia a lo que sus hijos sentían y querían, y no se interesaba en sus actividades.**

En la adolescencia, pese a ser bonita y buena estudiante, Claudia se sentía insegura, fea, sin derecho a que la quisieran y le era difícil relacionarse con muchachos.

Sin embargo, solo a los 24 años Claudia presenta intensos **síntomas de depresión al perder su trabajo**; le parece que ya no puede manejar su vida y que no vale nada. Llora por cualquier cosa, **se siente triste, angustiada, sin esperanzas en el futuro y con deseos de morir.**

Como vemos en el caso de Claudia, aun si no nos deprimimos en ese momento, las experiencias dolorosas de la infancia pueden ser una especie de **herida que,** ante nuevas situaciones de frustración, rechazo o dificultad, **puede abrirse en forma de depresión.**

REFLEXIONES

Voy a hacer los ejercicios que aquí me sugieren...

¡Cuántas cosas le pasaron a Claudia! Pero a mí también. Recuerdo los años de mi infancia como una época agradable...

...creo que mis padres nos dieron lo mejor de ellos a mis hermanos y a mí. La situación cambió mucho cuando mamá murió; no entendimos qué sucedió, si no estaba enferma de nada, al menos que nosotros supiéramos...

Después del funeral, mi papá se alejó un poco de nosotros. Yo me sentí triste sin mi mamá y luego con la poca atención de papá. Ahora sé que tuvo que pasar un tiempo para que él dejara de sentirse deprimido...

Ahora tú observa cada una de estas imágenes y piensa si alguna o algunas de ellas te hacen recordar situaciones similares en tu infancia.

En tu cuaderno o dispositivo electrónico trata de reconstruir la historia de tu vida, para esto ayúdate de las siguientes preguntas:

- ¿Cómo describirías a tu familia?
- ¿Había problemas económicos?
- ¿Alguien tenía problemas de alcohol?
- ¿Algún miembro de tu familia te maltrataba o abusó sexualmente de ti?

Ya que hayas escrito tu historia, subraya las situaciones que, en tu caso, crees que se relacionan con sentimientos de depresión.

Si no quieres escribir, platica tu vida con alguien a quien le tengas confianza.

CAPÍTULO 4:

ACONTECIMIENTOS DE LA VIDA

Los **acontecimientos de la vida** son las diversas **situaciones** que se nos presentan en el tiempo y que son **negativas**. En este capítulo nos ocuparemos de aquellos acontecimientos **que nos provocan angustia**, **pesar** o que amenazan nuestras actividades diarias y propician la aparición de síntomas de depresión…

Una de estas situaciones es la **muerte de un ser querido** o las **separaciones** de algún tipo.

Otras **pérdidas** que también pueden producirnos depresión son las de trabajo o salud, tanto si nos ocurren a nosotras como a algún miembro de nuestra familia.

Los **cambios** de trabajo y de casa, la jubilación o ver con menos frecuencia que la acostumbrada a nuestros seres queridos pueden llevarnos a la depresión. Así ocurrió con las medidas de contención de la pandemia de COVID-19, cuando las personas no podían ver a sus familiares ni amigos.

También se ha visto que hay **cambios, generalmente considerados positivos**, que pueden producir depresión, como hacerse novia de alguien, el matrimonio o que cumplamos una meta.

Es posible que esto suceda porque tuvimos **expectativas muy altas que no se cumplieron** o porque esa meta nos animó a actuar y, **una vez alcanzada, no tenemos otra que nos motive...**

En ocasiones, no es un acontecimiento "mayor" el que nos lleva a la depresión, sino **la persistencia de dificultades menores por periodos prolongados;** por ejemplo, los problemas de dinero o con la familia o que estemos enfermas…

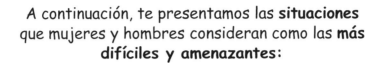

A continuación, te presentamos las **situaciones** que mujeres y hombres consideran como las **más difíciles y amenazantes:**

1. Muerte del esposo o esposa
2. Problema legal grave que puede acabar en encarcelamiento
3. Quedarse sin trabajo
4. Deterioro serio de la audición o visión
5. Separación de los padres
6. Muerte de un familiar cercano
7. Enfermedad prolongada
8. Aborto
9. Problemas relacionados con el alcohol
10. Dificultades para criar a los hijos
11. Muerte de una amistad cercana
12. Dificultades sexuales

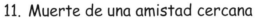

Al preguntarles **solo a las mujeres** qué situaciones consideran que las deprimirían más, respondieron:

Separarme de mi pareja o divorciarme.

Falta de dinero y dejar de trabajar.

Que se muera una amiga, tener problemas sexuales y dificultades con mis parientes.

Dejar de ver a la gente que quiero y que un familiar se enferme o cambie su manera de ser.

Otras mujeres opinaron que **la muerte de un hijo** es uno de los acontecimientos más dolorosos de la vida…

Los acontecimientos de la vida nos **afectan de manera diferente** a cada una, dependiendo del **significado** que le demos a las dificultades en ese momento; si tenemos o no a alguien que nos brinde su **apoyo**; si nuestra **autoestima** es alta o baja, y si en nuestra infancia **perdimos** a personas que eran importante para nosotras.

Si no fuera por mis amigas, no sé cómo me iría, pues gracias a que me apoyan puedo hacerle frente a tanto problema...

A mí, aunque me ha ido mal en la chamba, no me siento tan mal porque seguido me pongo a pensar en las palabras de apoyo de mi papá...

Por cierto, a mí lo que me ha ayudado a no caer en la depresión es este librito, miren...

... apenas voy en las reflexiones del capítulo 4. Aquí se revisa qué situaciones de la vida pueden llevarnos a la depresión y sugiere que hagamos una lista de las cosas que nos han sucedido...

REFLEXIONES

Piensa si se te ha presentado alguna o algunas de las situaciones que se trataron en este capítulo. En tu cuaderno o dispositivo electrónico escribe cuáles y, sobre todo, cómo te sentiste: triste, enojada, culpable, sin esperanza, impotente...

Cada situación te puede producir **uno o varios sentimientos** y, a veces, estos pueden estar encontrados; por ejemplo, nos podemos sentir tristes y enojadas a la vez, culpables y liberadas...

¿Crees que ya superaste esa situación o aún te provoca sentimientos intensos? Esto puede ocurrir incluso cuando haya pasado mucho tiempo. En el último capítulo hablaremos de cómo manejar estas emociones.

CAPÍTULO 5:

CONDICIÓN DE GÉNERO DE LA MUJER

CÓMO SE NOS ENSEÑA A SER MUJER

La manera en que se nos educa desde niñas tiene mucho que ver con que, en la edad adulta, seamos propensas a la depresión.

Se nos enseña a ser **pasivas, sumisas y dependientes**, a olvidarnos de nosotras mismas y a vivir para los demás...

Tenemos **menos libertad** y se nos exige **mayor responsabilidad** que a nuestros hermanos en la atención a nuestros padres, sobre todo si son mayores o están enfermos. Tampoco se nos permite **expresar abiertamente** nuestro enojo.

Es común que **a los hombres se les considere más valiosos, fuertes e inteligentes.** El nacimiento de un niño es más celebrado que el de una niña. De muchas maneras, se nos hace creer que ellos son más importantes; por ejemplo, nos exigen atender a papá y a los hermanos, se toman menos en cuenta nuestras opiniones, se le da poca importancia a nuestra educación escolar y se permite que nuestros hermanos, por ser varones, tengan autoridad sobre nosotras...

Tenemos que colaborar más en las tareas de la casa y en el cuidado de los hermanos menores. Comenzamos así, desde chicas, a tener mayores responsabilidades.

Esto limita nuestra libertad y **dejamos de vivir la infancia como tal**, con el cuidado y aprecio materno y paterno, que es necesario para nuestro desarrollo.

Muchas veces las mamás preparan a sus hijas para una vida igual a la suya y descargan sus frustraciones más a menudo sobre ellas. Temen que sean libres y que ya no las puedan controlar.

Cuando acabes te puedes ir a jugar... ¡Pero no te vayas a manchar!

Por su parte, a los niños no se les inculca un sentido de responsabilidad y colaboración en **las tareas del hogar,** por lo que estas **siguen recayendo sobre las mujeres durante toda su vida.**

La ausencia de nuestro padre, el que muestre poco interés hacia nosotras o que trate a las mujeres como si fueran menos puede afectar nuestra autoestima.

Las mamás se ven obligadas a ser más exigentes y duras cuando los papás no se responsabilizan de la educación de hijas e hijos...

Se enseña que **el valor de las mujeres está en el dolor**, el sufrimiento y en ser víctima, lo que nos puede llevar a comportarnos de esta manera, sin darnos cuenta de que **podemos buscar nuevas formas de comportarnos**.

A veces sentimos que si dejamos de sufrir ya no vamos a ser valoradas.

MONUMENTO
A LA
MADRE
ABNEGADA

ADOLESCENCIA

Una etapa en la que puede aparecer la depresión es la adolescencia, que es **el difícil paso de la infancia a la adultez.** Es una etapa en la que necesitamos descubrir **quiénes somos**, experimentamos **cambios corporales** y comienzan las **relaciones de noviazgo**. Cuando se tienen relaciones sexuales a esta edad, suelen darse con culpa y sin responsabilidad, debido la inmadurez y la falta de información.

A partir de la adolescencia se fortalece la
creencia de que solo valemos si un hombre
nos quiere, si nos encuentra bonitas y
nos hace caso, y esto nos lleva a cometer
muchas equivocaciones:

Me casé con alguien que ni
me convenía ni me quería... creo que
pasé por alto muchas cosas que no me
gustaban de él... no debí embarazarme...
mejor hubiera terminado mis estudios...

Es comprensible que las **decepciones amorosas** nos afecten, no solo porque perdemos a la persona que amamos, sino porque, además, dudamos de nuestro valor y nos sentimos amenazadas al pensar que nos podemos quedar solas.

Si no encontramos una pareja estable a la edad a la que "deberíamos" tenerla, se nos comienza a presionar de muchas maneras: nos hacen sentir feas, defectuosas e inadecuadas.

Muchas jóvenes ignoran que **si una mujer no se casa**, no tiene pareja o no tiene hijos **es igualmente valiosa**. Si no se dedica a una familia, tiene la posibilidad de estudiar, trabajar y tener otras metas, sin importar lo que los demás piensen.

ETAPA ADULTA

Los **aspectos de la vida adulta** a los que nos vamos a referir son la sexualidad, la relación de pareja, la maternidad, la depresión posparto, la menopausia, el rol de ama de casa, el trabajo fuera del hogar y el cuidado de otros.

LA SEXUALIDAD

La sexualidad sigue siendo una experiencia problemática y conflictiva debido a la **falta de información confiable,** pese a que el tema del sexo se encuentra en todas partes.

Aún en el siglo XXI, vivimos en una sociedad en la que a los **hombres** se les da **más libertad** de decidir cómo, cuándo y con quién mantener relaciones sexuales; mientras que se supone que las **mujeres** tienen que **limitar** sus relaciones a las demandas y necesidades de un solo hombre.

Ha existido la creencia de que la sexualidad es **solamente para tener hijos**, sin considerar que es una experiencia que abarca muchos otros aspectos, como **disfrutar nuestros cuerpos** y nuestro placer, poder **expresar** abiertamente **lo que sentimos y deseamos** y decidir continuar o no una relación.

Es frecuente que las mujeres **no disfruten** las relaciones sexuales, las sientan como **una obligación** y a veces sean sometidas a tenerlas **por la fuerza**. Esto les genera sentimientos de **frustración y enojo** al sentirse un instrumento de satisfacción para el hombre.

RELACIÓN DE PAREJA

Las mujeres que tienen una buena relación con su pareja, en la que hay **comprensión, apoyo, respeto y afecto,** están menos propensas a presentar depresión.

¡Ahora que me lo dices, te entiendo!

Por el contrario, quienes tienen dificultades o son maltratadas por su pareja tienden a **deprimirse**...

Es un hecho que **todas las parejas enfrentan dificultades** en diversos momentos. Esto es normal, muchas **salen adelante**, pero otras, al no buscar o no encontrar soluciones, se van **distanciando** o tienen **pleitos constantes**, este es un riesgo para padecer depresión.

101

MATERNIDAD

¡Ay! Eso de la crianza y la educación de los hijos es una de las tareas más difíciles que pueda realizar una persona...

Sí, para hacer bien nuestro papel de mamás necesitamos que de niñas nos hayamos sentido valoradas, que nuestra pareja se responsabilice de su paternidad, a la par que nosotras de nuestra maternidad, y contar con recursos necesarios para satisfacer las necesidades de la familia... Sin todas estas cosas, nos es mucho más difícil ser mamás.

Por eso, no todas las niñas y niños reciben el cuidado y el cariño que necesitan.

Además, están las exigencias sociales, que hacen aún más difícil ser madre...

No es de extrañar que muchas de nosotras acabemos deprimiéndonos con tanta responsabilidad y tan poco apoyo.

... A las mujeres se nos dice que solo teniendo hijos nos podemos realizar, por lo que no nos preguntamos si de verdad queríamos tenerlos y cuántos y cuándo, y se nos limita para elegir otras cosas que no sean ser madre. Quizá a esto se deba que en nuestra sociedad la mayoría de los embarazos no sean planeados.

¡Claro!

104

Y es que la sociedad solo nos ve en nuestro papel de madres; por eso, todas nuestras demás necesidades parecen no existir y a nosotras mismas se nos olvida que necesitamos cariño, descanso, diversión, reconocimiento, ser admiradas, sentirnos guapas y atractivas, y aprender cosas nuevas.

Si, además, consideramos que se espera que la mujer sea feliz solo por ser **madre** y **esposa**, cuando no es así, ella piensa que está fallando y no ve que se le exige algo **imposible de cumplir**.

DEPRESIÓN POSPARTO

¿Sabías que algunas mujeres se deprimen durante el embarazo o después del parto?

Acaba de nacer mi bebé y no entiendo por qué en lugar de estar feliz solo tengo ganas de llorar...

Posiblemente está pasando por una depresión posparto, la cual padecen alrededor del 15% de las mujeres que dan a luz. Si en dos semanas desaparecen estos síntomas, podemos decir que se trata de tristeza posparto, la cual sufren la mitad de las mujeres.

Si no desaparecen, no es su culpa, busque un especialista, ya que no se quita sola.

MENOPAUSIA

¿Qué me pasa?

Está pasando por la menopausia, en la que hay fuertes **cambios hormonales**, junto a cambios personales y familiares; por ejemplo, los hijos se van, dificultad para encontrar empleo o jubilación, miedo a envejecer... Para algunas mujeres, los síntomas físicos (sofocos, problemas de sueño) pueden ser muy desagradables.

También son frecuentes los sentimientos de ansiedad, devaluación y depresión, que deben ser atendidos por profesionales de la salud mental.

ROL DE AMA DE CASA

Aunque hay mujeres que están contentas de no salir a trabajar, hay muchas que se deprimen por **dedicarse solo al hogar**.

El **trabajo doméstico es muy valioso**, ya que gracias a que hay comida, ropa limpia, una casa aseada y quien se preocupe por la salud de **los miembros de la familia**, ellos **pueden dedicarse a otras actividades**, como estudiar, trabajar o divertirse…

Sin embargo, muchas veces, estas tareas **no** son **reconocidas** ni **valoradas** por los demás miembros de la familia, ni tampoco por la sociedad. No se percatan de que todos pueden y deben compartir estas tareas.

Las tareas domésticas son una carga muy pesada, por la que **no se recibe paga económica**, ni se tienen vacaciones, horarios y tiempos de descanso, como en otro tipo de trabajo.

A diferencia de las mujeres que trabajan, muchas de quienes solo se dedican al hogar tienen **poca oportunidad de convivir** y platicar con otros adultos y **pierden contacto** con personas e instituciones que pudieran apoyarlas en caso de tener un problema.

También les afectan más los **problemas con su pareja** y reciben mucho **menos ayuda** de otros miembros de la familia, o de otras personas, que las que salen a trabajar.

MUJERES QUE TRABAJAN FUERA DEL HOGAR

Cada vez es mayor el número de mujeres que trabaja fuera de la casa. La mayoría lo hace **por necesidad económica** o por darle a su familia un mejor nivel de vida. Son menos quienes lo hacen solo porque les gusta y en lo que les gusta.

Si trabajan, continúan siendo las **responsables** de que todo marche bien en casa. Muchos esposos o parejas **no comparten** los quehaceres domésticos, aunque ellas también aporten dinero. Por otro lado, no se han construido suficientes guarderías para sus hijos e hijas pequeños, a pesar de que el trabajo de la mujer beneficia a toda la sociedad. Por el contrario, **se les hace sentir que son malas** madres por "abandonar" a sus hijos...

Sus **parejas** no solo **no las apoyan**, sino que les dificultan que trabajen fuera y, a veces, son también quienes les tienen que "dar permiso".

En los **centros de trabajo** tienen otros problemas: **los empleadores no entienden** las dificultades que enfrenta la madre que trabaja; a muchos solo les importan las ganancias que les proporciona emplear mujeres, ya que con frecuencia trabajan mejor y se les paga menos.

Las mujeres se deprimen al ver que **a los hombres les pagan más por el mismo trabajo** y porque les dan promociones que ellas merecerían.

También sucede que ellos las tratan como inferiores, a menudo son **acosadas sexualmente** por jefes y compañeros, quienes las chantajean con que si no acceden tomarán represalias en el trabajo.

Casi siempre **las madres se preocupan** de que sus hijos estén bien cuidados mientras ellas trabajan…

En la mayoría de los casos, el dinero que gana contribuye a una **mejor salud y educación** de sus hijos; no siempre es así con los papás.

CUIDADORAS DE OTROS

Sobre las mujeres recae la responsabilidad
de **cuidar a los enfermos** y **ancianos** y si
sus **hijos o marido** tienen problemas; por
ejemplo, en la escuela, de drogas, conducta
o alcohol, ellas son quienes se hacen cargo
de que reciban tratamiento. Esto les impone
una pesada carga física y emocional.

ALGUNOS PROBLEMAS COMUNES

ALCOHOL Y DROGAS EN LA MUJER

¡Comadre, cuánto tiempo sin verla! ¿Qué novedades me cuenta? ¿Ha seguido leyendo?

Sí, compadre. Es muy interesante lo que he aprendido; por ejemplo, sobre alcohol y drogas.

Mire, aquí dice: "La sociedad critica más a una mujer que consume alcohol o drogas en exceso que a un hombre, a pesar de que menos mujeres lo hacen".

Debe ser por eso que las mujeres que toman mucho alcohol o se drogan lo hacen a escondidas, porque sienten vergüenza. Les da miedo que las rechacen y, muchas veces, se sienten muy solas con su problema.

No nada más se sienten solas... ¡están!

Es común que su esposo o pareja las abandone; en cambio, si él bebe o se droga, ella, casi siempre, se queda con él y hasta le busca tratamientos para que se cure...

Si una mujer tiene un problema como este, debe buscar ayuda.

ALCOHOL Y VIOLENCIA EN EL VARÓN

Oiga, comadre, ¿y por qué si el libro es sobre depresión y para mujeres habla de estos problemas?

¡Ay, compadre! Pues porque nosotras somos unas de las víctimas más frecuentes del alcoholismo y la violencia de los hombres...

... Lo peor es que **no** nos enseñan cómo defendernos y cómo hacerles frente a estos problemas, más bien, nos dicen que tenemos que **resignarnos** y aceptarlo como algo normal.

Por eso, lo primero que debemos saber es que la violencia y el alcoholismo **no** son conductas normales...

¿Usted cree?

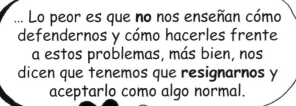

... y las mujeres **no** tenemos que someternos ni tolerarlas...

Pues sí, ¿verdad? El **alcoholismo** lleva muchas veces a la violencia y, aun sin esta, las consecuencias para la familia son muy graves...

¡Claro!

En la mayoría de los casos, las mujeres padecemos la **violencia** dentro de nuestros hogares... y mire lo que aquí dice:

"Alrededor del 55% de las mujeres adultas han sido víctimas de algún tipo de violencia en algún momento de su vida. Esta puede ser verbal, física o sexual y causar daño físico o emocional. En el 60% de los casos el agresor es el esposo o la pareja".

Los actos de violencia que ocurren en el hogar son **delitos**, pero casi nunca son denunciados porque las mujeres temen que las maltraten más...

Y fíjese, en algunas mujeres víctimas de violencia se ha visto que después de un tiempo puede haber una propensión al abuso del **alcohol** y las **drogas**.

La violencia, ya sea emocional, en forma de insultos o amenazas, física o sexual, es **una de las causas más importantes** de la depresión. No solo se presentará en ese momento, sino quizá años después...

Si te ves afectada por la violencia de tu pareja o por el excesivo consumo de alcohol o drogas de alguien de tu familia, **busca ayuda y apoyo para ti.**

Hay mujeres que también están en riesgo de sufrir depresión, ya sea por **exceso de responsabilidades**, **falta de apoyo** o porque sufren **rechazo** o **incomprensión**, como...

- Las que son el **único** sostén de su familia
- Las madres solteras
- Las mujeres de la comunidad LGBTQ+
- Quienes migran a otra ciudad o país, ellas o su pareja
- Las adultas mayores
- Quienes no pueden tener hijos, entre otras

REFLEXIONES

A continuación, te presentamos una serie de imágenes y frases que te ayudarán a reflexionar sobre tus experiencias como mujer. En tu cuaderno o dispositivo electrónico trata de completar las frases y piensa cómo has vivido cada situación.

Recuerda, esto no es un examen ni hay respuestas correctas. Completar las frases te ayudará a conocerte más.

Mi adolescencia fue _____

_____

_____

_____

Mi vida sexual es _____

_____

_____

_____

_____

Mi pareja _____
_____
_____
_____
_____

Yo creo que la
maternidad _____
_____
_____
_____

Para mí la depresión
posparto es _____
_____
_____
_____

Lo que sé de la
menopausia es _____
_____
_____
_____

Como ama de casa me
siento _____
_____
_____
_____
_____

Las mujeres que trabajan
fuera del hogar _____
_____
_____
_____

Yo creo que las mujeres que
cuidan a otros podrían _____
_____
_____
_____
_____

La violencia, el alcohol y
las drogas nos llevan a __
_____
_____
_____
_____

Si puedes, comparte lo que te haya parecido
importante con una amiga.

CAPÍTULO 6:

¿QUÉ HACER?

En los capítulos anteriores se nos explicó **qué es la depresión y cuáles son sus causas.** De estas se insistió en la historia infantil, los acontecimientos de la vida y la condición de género de la mujer...

Es muy importante que tengamos esta información para que **podamos hacer algo** respecto a la depresión **o** para que podamos **evitarla**. De lo contrario, es posible que, si estamos deprimidas, nos sigamos hundiendo al no encontrar una solución...

127

Las **sugerencias** que presentamos llevarán a modificar aspectos de nuestra vida que han contribuido o contribuyen a nuestro estado de depresión.

Tu **cuaderno** de apuntes o dispositivo electrónico será muy útil en esta sección, tanto para revisar las notas que has hecho como para realizar los ejercicios que sugerimos.

Es importante la **actitud** que tomemos al intentar hacer estos ejercicios. Será de gran ayuda si nos aprendemos a tratar como si enseñáramos a un bebé a caminar:

cada vez que se cae lo levantamos y lo **animamos** a que siga, si se golpea lo sobamos y lo **apapachamos**, y si da varios pasos, le **aplaudimos**.

Recuerda: **lo que no ayuda** en nada es evitar los problemas, esto es, negarlos, desquitarnos con otras personas cuando nos sentimos angustiadas o deprimidas, aislarnos de la gente, no querer percatarnos de lo que nos pasa, esconder nuestros sentimientos o sentirnos víctimas impotentes.

1. DEFINIR QUÉ NOS PASA

Si te sientes deprimida o crees que puedes llegar a estarlo, trata de **definir qué es lo que te pasa**. Para ello, revisa lo que has apuntado en tu cuaderno o dispositivo y resume en unas cuantas palabras cómo te sientes y cuáles crees que son tus problemas.

Ahora, trata de identificar qué **soluciones** les has dado **en el pasado** a estas situaciones y piensa qué ha funcionado y qué no, y escríbelo...

Con frecuencia, intentamos una y otra vez las **mismas soluciones** a un problema aunque estas **no resulten**; entonces, sentimos que fracasamos y nos deprimimos... **¡Trata algo diferente!**

A continuación, encontrarás algunas **sugerencias** para que escojas las que creas que te pueden ayudar. Lee primero todas y después decide cuáles quieres hacer y en qué orden. Para que te beneficien es necesario que las practiques durante algún tiempo, por lo menos **varias semanas seguidas**.

2. REVALORAR NUESTRA PERSONA

¿Cómo te ves a ti misma? Haz una lista de lo que consideras **tu lado negativo**, después haz otra con **tus cualidades**; de seguro que tu primera lista es enorme y fue fácil de hacer, por el contrario, la segunda es chiquitita pues te costó más trabajo reconocer tus cualidades...

Como hemos visto en los capítulos anteriores, la persona deprimida o que tiende a deprimirse tiene una **baja autoestima**, cree que no vale, se critica de todo, se siente constantemente culpable y no ve nada bueno en ella. La finalidad de los siguientes ejercicios es que te formes **una imagen más justa y balanceada de ti misma**, lo cual te llevará a sentirte mejor...

A) CÓMO TRATAR NUESTROS ERRORES

Algunos errores o defectos son reales, pero otros son **ideas falsas** que tienes de ti porque así te lo hicieron creer; en gran parte, los has aprendido. Trata de separar los errores o defectos que crees que son reales de los que probablemente no lo son, y valora qué tanto te dijeron eso de niña que llegaste a pensar que así eras...

Para esto, te servirá recordar qué cosas te decían tus papás, maestros u otras personas importantes en tu infancia y adolescencia; si te repitieron, por ejemplo, que eras mala, tonta o que no valías.

Apunta todas esas cosas negativas que aprendiste de ti y después, junto a cada aspecto negativo, **escribe por qué crees que no eres así...**

Todo el tiempo me digo que soy floja, pero en realidad no lo soy, lo que pasa es que me lo decían muy seguido. Siempre se fijaban en qué no hacía y nunca en lo que hacía bien. Pero ahora sé que sí puedo hacer bien las cosas, sobre todo cuando no me regañan ni insultan, y si lo hago con calma y a mi manera...

Ahora, ve la lista que hiciste de los que sí crees que son **defectos** o errores. Trata de entender a qué se deben y por qué actúas como lo haces. Piensa que todos tenemos defectos y cometemos errores, y que el sentirnos culpables y regañarnos todo el tiempo no sirve de nada... Trata de ser más **tolerante y paciente contigo.**

Soy necia; a veces, muy enojona. También soy impaciente y me desquito con los demás...

Imagínate que te vuelves un hada madrina: ¿Cómo te tratarías? ¿Qué te dirías? Probablemente algo así como: "**No te preocupes**, trata de entender por qué actúas así; busca una manera de lidiar con esto".

¡Pues sí, nadie es perfecta!

B) CÓMO TRATAR NUESTRAS CUALIDADES

Mucha gente no ha aprendido a reconocer sus **cualidades** porque equivocadamente las confunde con soberbia o presunción. Sin embargo, aceptarlas no tiene que ver con eso, sino con valorarnos y saber con qué fortalezas contamos.

Una tarea muy útil es que escribas sobre las cosas buenas que haces, **tus capacidades, qué cualidades ven otros en ti y en qué aspectos destacas** como persona...

Cristina escribió lo siguiente:

"Siempre he sido muy trabajadora. Desde muy niña ayudaba en mi casa. Creo que soy responsable porque me esfuerzo en que me salgan bien las cosas. Nunca he engañado a nadie a propósito. Trato de ser amable con la gente. Mis hijos tienen buena salud porque me preocupo de que coman alimentos sanos y de que la casa esté limpia. Cuido el gasto de cada semana... Soy honesta y buena amiga. Cuando alguien me cuenta un problema trato de ayudar...".

Soy **honesta** y **buena amiga.** Cuando alguien me cuenta un problema **trato de ayudarlo...**

Durante la **siguiente semana valora las cosas que haces bien**, ya sea dándote algún gusto o pensando cosas buenas de ti. Recuerda que no tienes que hacer cosas extraordinarias. Hacer día a día lo que se tiene que hacer es algo valioso y digno de tomarse en cuenta. Por la noche, **haz un recuento** de lo que hiciste bien en el día...

Merezco un descanso, le voy a decir a José que se quede esta tarde a cuidar a los niños...

¡Para ir al cine con Lupita!

3. CAMBIOS EN NUESTRAS CREENCIAS

Como vimos en los capítulos anteriores, **aprendemos qué se espera de las mujeres** en la familia, la iglesia, la escuela, la televisión, la radio, las redes sociales, etc.

Las mujeres, por ser mujeres, **no** deberían...

Aprenderlo quiere decir que ya no necesitamos de ellos para comportarnos como quieren; lo hemos grabado en nuestra mente y nosotras mismas nos repetimos las mismas lecciones, nos exigimos de igual manera y nos reprochamos si no hacemos lo que creemos que se espera de nosotras.

Por eso con frecuencia **no buscamos lo que nos haría más felices**, sino que seguimos cumpliendo con **obligaciones** que nos han impuesto y **que no hemos cuestionado**.

A continuación, revisaremos nuestras creencias sobre...
a) La **mujer**
b) El **amor**
c) El **sufrimiento**

A) REVISAR NUESTRAS CREENCIAS DE LO QUE ES SER MUJER

Evitar o salir de la depresión puede requerir que hagamos cosas que van **en contra** de lo que creemos que es femenino.

¡Sí! ¡Yo necesito **estudiar**, así que voy a ingresar a la universidad, aunque mi novio no quiera!

Pues, aunque mi marido se queje, regresaré a **trabajar**, porque eso me ayudará a salir adelante.

Solo si estamos **convencidas** de que necesitamos **actuar de manera diferente**, tendremos la fuerza para no dejarnos influir por las personas que se oponen a nuestro cambio; por ejemplo, mamás, esposos y maestros. Si cambiamos nuestra manera de pensar respecto a lo que se nos ha dicho que debemos ser como mujeres, será más fácil enfrentar los obstáculos externos...

Yo voy a **ir a la manifestación** para exigir más guarderías... ¡Aunque los vecinos me critiquen!

Y yo voy a formar mi **grupo de reflexión para mujeres**... ¡Aunque mi suegra se ría!

B) REVISAR NUESTRAS CREENCIAS SOBRE LO QUE ES EL AMOR

Otro aspecto importante por revisar es el concepto de **amor**. Pregúntate: ¿qué significa para mí el amor?

De seguro te acordarás de algo que todos hemos aprendido: "**Ama a tu prójimo como a ti misma**". ¿Realmente te amas a ti misma? ¿Sabes lo que es amarte? Fíjate que no dice: "ama a otros sobre o a costa de ti misma". Así es como a la mayoría de las mujeres nos han enseñado a amar: sobre o a expensas de nosotras mismas...

¿Amar sobre mí misma?

¡No! ¡Como a mí misma!

AMARSE A UNA MISMA SIGNIFICA:

Saber recibir, exigir ser tratadas con respeto, darnos el trato que damos a los demás, perdonar nuestros errores, buscar nuestro bien y tenernos paciencia, tolerancia y cariño.

Piensa que si no nos amamos, no podemos amar a otros...

C) REVISAR NUESTRAS CREENCIAS SOBRE EL SUFRIMIENTO

Otro concepto que amerita revisión es el **sufrimiento**. De nuevo hazte la pregunta: ¿Qué significa para mí el sufrimiento?

A las mujeres se nos ha dicho que **solo si sufrimos valemos** y por eso cuando sufrimos nos sentimos valiosas. Dejar de hacerlo es otro de los pasos que tenemos que dar para alejarnos de la depresión.

Estas formas que usamos para manifestar nuestros enojos y frustraciones son **destructivas**, ya que no salimos del sufrimiento y causamos daño a quienes nos rodean. Si en lugar de quedarte sufriendo buscas **otras maneras de expresar tus insatisfacciones** y valoras las cosas positivas que haces y que hay en ti, comenzarás a sentirte mejor contigo y con los demás...

Por ejemplo:

Cristina se puso a reflexionar sobre su idea del amor y pensó:

Si yo no me quiero y no me respeto, menos puedo esperar que mi esposo o pareja e hijos lo hagan...

Esperanza, por su parte, reflexionó acerca de lo que le habían dicho sobre las mujeres divorciadas —que eran fracasadas y locas— y pensó:

No he tomado la decisión de separarme por miedo a que me critiquen. No voy a hacer caso de eso y voy a decidir lo que me conviene a mí...

4. DAR SALIDA A NUESTRA TRISTEZA, MIEDO Y ENOJO

Muchas veces llevamos guardados sentimientos de **tristeza, miedo o enojo** que **no hemos podido sacar**. Estos pueden relacionarse con situaciones de la infancia o con acontecimientos recientes que, con frecuencia, nos llevan a la depresión.

Para salir adelante es importante que busques **la manera de expresarlos**. Una forma puede ser escribirle una carta a la persona hacia la que sientes enojo. Es importante que escribas tus sentimientos las veces que necesites hasta que ese sentimiento ya no te perturbe.

Estas cartas **no** se mandan; son ejercicios solo para ayudarte a ti.

Esperanza le hizo una carta a su papá y le reclamó el abandono. Lloró mucho, pero luego se sintió mejor y con más fuerza para enfrentar los problemas de la vida.

Claudia escribió una carta a su hermana reclamándole haberse ido sin despedirse de ella. También le causó mucho dolor recordar la situación.

A Esperanza y Claudia les dio mucho gusto **destruir sus escritos**, pues sentían que su tristeza, por fin, quedaba atrás…

5. MODIFICAR LA MANERA EN QUE PERCIBIMOS NUESTRO AMBIENTE

Como hemos visto, la persona deprimida solo se fija en lo negativo y a veces exagera o distorsiona lo que percibe. Si sientes algo similar, haz un esfuerzo para darte cuenta de que lo que percibes puede no ser así. Después de todo, es muy cierto que **"todo se ve del color del cristal con que se mira"** ...

¿Cómo ves tu situación actual y futura? Si todo lo ves negro y angustiante, te recomendamos que practiques alguna o varias de estas sugerencias durante algunos días...

¡Exageré al pensar que yo era culpable de la caída del edificio!

Reflexionar qué tanto tenemos la **solución de un problema** en nuestras manos y qué tanto no. A veces nos deprimimos al intentar solucionar situaciones que solo podemos resolver en una pequeña parte. No logramos nada con angustiarnos o culparnos de todo lo que sale mal.

En la vida suceden muchas cosas que **no podemos controlar** porque simplemente no podemos adivinar el futuro. También nos ayuda darnos cuenta de que, muchas veces, quizá exageramos situaciones que no tienen importancia.

Esperanza, que se sentía deprimida, comenzó a seguir estas sugerencias y a decirse:

Hoy me sentí **muy apoyada** por mis amigas y compañeros de trabajo. Estoy aprendiendo a darme a respetar, aunque me cuesta mucho trabajo. No puedo cambiar a Pedro, pero yo sí puedo cambiar. No tengo que dejarme llevar por ideas catastróficas de que todo va a salir mal y que no voy a poder.

6. NUEVAS MANERAS DE COMPORTARNOS

El libro sugiere **cuatro formas de actuar** que nos pueden ayudar a evitar o salir de la depresión...

La **primera** dice que gran parte de nuestros problemas se resuelven cuando los platicamos con otras personas. Que tratemos de **hablar con alguien** a quien le tengamos confianza, pues ayuda mucho el que nos escuchen...

La **segunda** dice que tratemos de **ver seguido a las personas** que nos agradan, sobre todo si no trabajamos fuera de la casa.

Nos aconseja realizar **otras actividades** que nos permitan conocer a más gente; buscar grupos de mujeres que se reúnan cerca de donde vivimos; por ejemplo, en los centros comunitarios, casas de cultura, asociaciones civiles, grupos de ayuda por redes sociales...

La **tercera** nos aconseja obtener **más información sobre algún problema** que tengamos; por ejemplo, sobre el divorcio, la violencia y la educación de los hijos. Nos dice que hay libros sobre estos temas o que podemos buscar por internet en sitios confiables.

Y también podemos conseguir información en **centros de salud** y en algunas de las **organizaciones de la sociedad civil**.

Por ejemplo, **Cristina** hizo una lista de todas las actividades de la casa y las distribuyó entre ella, sus hijos y su marido…

Claudia encontró un grupo de mujeres que se reunían semanalmente para platicar sus problemas y buscarles solución…

Esperanza acudió a una organización para informarse sobre los procedimientos y derechos en caso de que decidiera divorciarse…

Y para terminar, aquí tienen una **lista de actividades** realizadas por personas que han estado deprimidas para sentirse mejor:

- Hacer **ejercicio** físico
- Salir a **caminar**
- Ir al **cine** o a un espectáculo
- **Leer**

- **Cantar**
- **Salir** con amigas
- **Arreglarse**
- **Aprender** algo nuevo
- Hacer ejercicios de **relajación**

¿A DÓNDE IR?

CONSULTORIOS

APOYO A LA MUJER

Muchas personas sienten que hagan lo que hagan, **no pueden salir de la depresión.** En ese caso es importante decidirse a **pedir ayuda especializada.** Si este es tu caso, no te desanimes. Es importante que no lo tomes como falta de voluntad o fracaso personal. En realidad, es muy difícil y a veces imposible salir de una depresión por una misma.

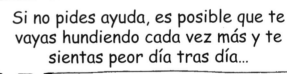

Si no pides ayuda, es posible que te vayas hundiendo cada vez más y te sientas peor día tras día...

La **ayuda** la puedes buscar en instituciones gubernamentales, en instituciones privadas, en las organizaciones de la sociedad civil y por internet en sitios serios.

INSTITUCIONES DEL GOBIERNO

Los **medicamentos** y la **psicoterapia** son los tratamientos más efectivos para la depresión; a veces se utiliza uno solo y otras, los dos en conjunto.

La elección de un tratamiento va a depender del **servicio de salud gubernamental** en el que esté inscrita o del centro de salud estatal al que asista, en donde casi siempre tendrá que dirigirse a un médico general, como yo...

¿Y yo cómo voy a saber qué es lo que necesito?

Cuando venga a consulta, explíquenos lo que le pasa y sus razones para solicitar ayuda. Al médico o médica general le corresponde evaluar su caso, hacer un **primer diagnóstico** y sugerir un **tratamiento**. Le toca darle orientación y apoyo y decidir si él la atiende o la manda a un **servicio de salud mental especializado** (en donde atienden psiquiatras o psicólogos o psicólogas).

PSICOLOGÍA

Los psicólogos y psicólogas son profesionistas que estudian una licenciatura sobre el comportamiento humano. Se especializan en varios campos; de estos, la **psicología clínica** es la que prepara para dar **psicoterapia** a personas con diferentes tipos de problemas. Los psicólogos y psicólogas **no** recetan medicamentos.

La **psicoterapia** es una forma de ayuda en la que la persona acude a un cierto número de consultas con un o una especialista y **habla de sus problemas** y el especialista le sugiere maneras de solucionarlos...

Hay muchas formas muy efectivas de psicoterapia.

Cada forma de psicoterapia tiene una manera de ver el problema y buscar la solución. Una puede ir solo con un o una terapeuta a **psicoterapia individual**, asistir a un grupo (**psicoterapia grupal**), ir con la pareja (**psicoterapia de pareja**) o con toda la familia (**psicoterapia familiar**). La psicoterapia es muy eficaz en el caso de la depresión.

PSIQUIATRÍA

La o el psiquiatra es un médico o médica que tiene una especialización en problemas mentales (psiquiátricos). Esto los capacita para **recetar medicamentos**. Solo algunos dan psicoterapia.

Los medicamentos o **psicofármacos** son medicinas que se utilizan para tratar algunos problemas emocionales. En el caso de la depresión, existen diversos tipos de medicamentos que pueden ser de mucha ayuda.

Algunas **instituciones del gobierno** a veces permiten que consultes directamente a un servicio de salud mental especializado. Cuando en tu centro de salud haya este tipo de servicio, **solicítalo.**

TRABAJO SOCIAL

Los y las trabajadoras sociales también podemos sugerirte **a dónde ir y a qué expertos consultar.** Algo muy importante es que también podemos orientar **a tu familia** sobre cómo ayudarte.

ATENCIÓN PRIVADA

Hay, desde luego, **psicólogos** y **psiquiatras privados** que, si tienes acceso a ellos, puedes consultar. También hay **hospitales particulares** que tienen servicio de **consulta externa** y hospitalización...

ORGANIZACIONES NO GUBERNAMENTALES Y ASOCIACIONES NO LUCRATIVAS

En su mayoría, estas organizaciones no están solo orientadas a ayudar a mujeres con **depresión**, sino a ayudar en **problemas** que con frecuencia se encuentran **asociados** con esta.

Por ejemplo: mujeres víctimas de la violencia, asesoría legal en casos de divorcio, problemas familiares o de alcoholismo...

Algunas mujeres han recibido ayuda de **asociaciones** tan **diversas** como neuróticos anónimos, medicina tradicional, consulta telefónica, programas de autoayuda en línea y consultas virtuales.

Otra manera en que las mujeres nos podemos ayudar es formando **nuestro propio grupo de ayuda**, presencial o en línea; por ejemplo, cuatro o más mujeres podemos juntarnos para hablar de nuestros problemas...

Una buena idea es usar este libro u otros parecidos para guiar nuestras pláticas.

¡Qué bien me siento, compadre! Nunca imaginé que una pudiera hacer tantas cosas para ayudarse... ¡Ya podemos prevenir y manejar la depresión!

Comadre, yo también he aprendido mucho sobre la depresión... ¡Ojalá alguien escriba un libro para nosotros!

ACERCA DE LA
AUTORA

María Asunción Lara Cantú es doctora en Ciencias de la Salud por la Facultad de Medicina de la Universidad Nacional Autónoma de México (UNAM) y maestra en Psicología Clínica por la Universidad de Surrey, en Inglaterra. Desde 1982, es investigadora del Instituto Nacional de Psiquiatría "Ramón de la Fuente Muñiz", donde actualmente dirige la jefatura del Departamento de Estudios Psicosociales en Poblaciones Específicas. Además, se desempeña como docente y tutora del Posgrado en Salud Mental Pública, de la Facultad de Medicina de la UNAM. Como reconocimiento a su destacada labor académica, se le otorgó el nivel III del Sistema Nacional de Investigadores.

Ha participado en cerca de 200 congresos y reuniones científicas nacionales e internacionales. Es autora de más de 100 artículos en revistas arbitradas nacionales e internacionales, así como de una decena de libros, capítulos de libros y manuales.

Ha dedicado su carrera al estudio de los aspectos psicosociales de la depresión en las mujeres y durante los últimos 15 años se ha enfocado en el análisis de la depresión perinatal. También es autora del programa en línea Ayuda para Depresión (ADep). Entre otros proyectos, desarrolló y evaluó una Intervención psicoeducativa para prevenir la depresión con base en su libro *¡Es difícil ser mujer!* (1997), su obra más conocida y éxito editorial con más de 65 mil ejemplares vendidos, ahora otra vez en librerías en una nueva edición actualizada por Editorial Terracota, bajo su sello Pax.

SI QUIERES SABER MÁS

¡Es difícil ser mujer! se basa en una amplia revisión de la literatura científica sobre la depresión en las mujeres y en estudios de campo desarrollados por la autora —y colaboradoras especialistas en la materia— sobre la pertinencia, comprensión y utilidad de dichos estudios en poblaciones de mujeres. Los resultados de estas investigaciones se han publicado en numerosas revistas científicas y de divulgación, y pueden consultarse por medio del siguiente código QR con enlace al repositorio del Instituto Nacional de Psiquiatría "Ramón de la Fuente Muñiz".

NOTAS

¡Es difícil ser mujer!
se terminó de imprimir en la Ciudad de México
en agosto de 2023 en los talleres de Impresora
Peña Santa, S.A. de C.V., Sur 27 núm. 475,
col. Leyes de Reforma, 09310, Ciudad de México.
En su composición se utilizaron tipos
ITC Benguiat Gothic y Comic Sans Ms.